mommy

мама

boy

мальчик

daddy

папа

girl

девочка

1

one

один

2

two

два

3

three

три

4

four

четыре

5

five

пять

6

six

шесть

7

seven

семь

8

eight

восемь

9

nine

девять

10

ten

десять

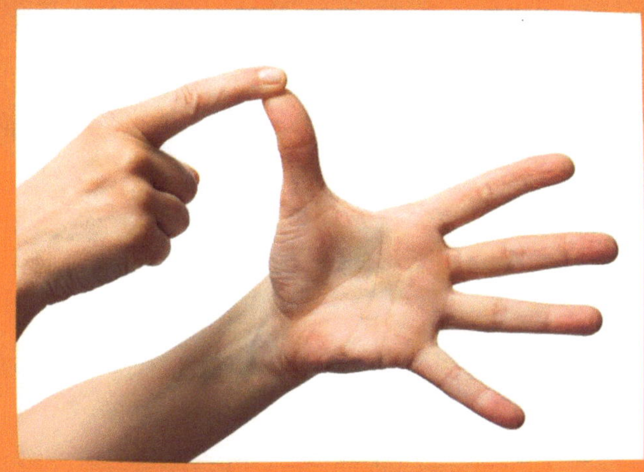

count

считать

write

писать

draw

рисовать

paint

раскрашивать

circle

круг

square

квадрат

rectangle

прямоугольник

triangle

треугольник

star

звезда

black

черный

white

белый

brown

коричневый

red

красный

blue

синий

yellow

желтый

green

зеленый

purple

фиолетовый

gray

серый

orange

оранжевый

pink

розовый

apple

яблоко

banana

банан

pineapple

ананас

watermelon

арбуз

pear

груша

grapes

виноград

mango

манго

peach

персик

strawberry

клубника

cherry

вишня

orange

апельсин

coconut

кокос

lemon

лимон

mushroom

гриб

corn

кукуруза

tomato

помидор

pumpkin

тыква

cucumber

огурец

carrot

морковь

potato

картофель

zucchini

цуккини

spinach

шпинат

cauliflower

цветная капуста

egg

яйцо

plate

тарелка

spoon

ложка

knife

нож

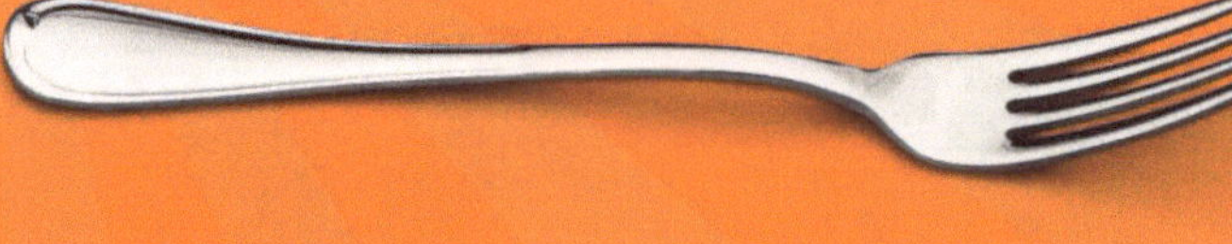

fork

вилка

cake

торт

baby bottle

детская бутылочка

candies

конфеты

cheese

сыр

drink

пить

eat

есть

hot

горячий

cold

холодный

small

big

маленький

большой

 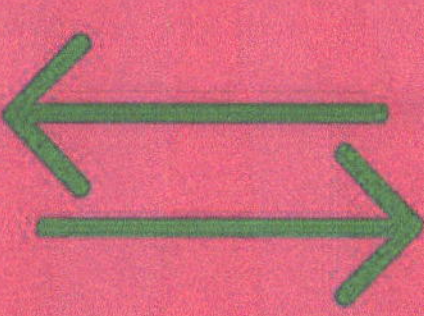 

short

long

короткий

длинный

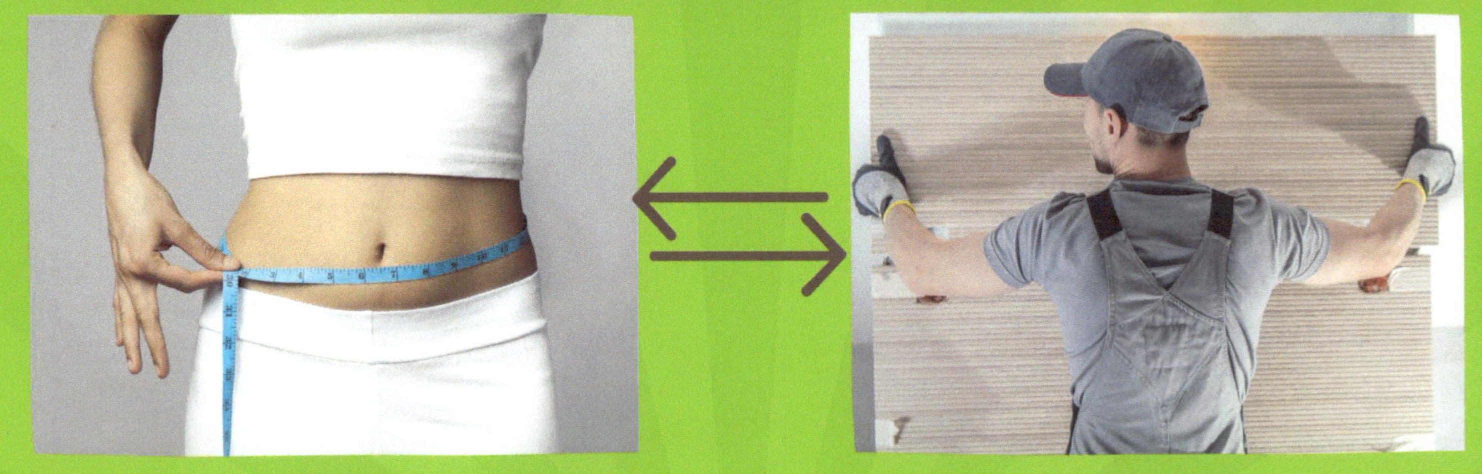

thin

тонкий

large

большой

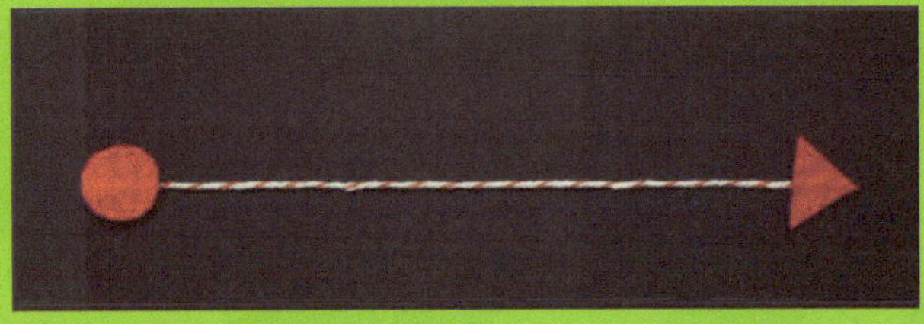

easy

лёгкий

difficult

сложный

stand up

стоять

sit down

сидеть

sweet

сладкий

salty

соленый

heavy

тяжелый

light

легкий

in

в

out

вне

dirty

грязный

clean

чистый

close

закрытый

open

открытый

pencils

карандаши

clock

часы

key

ключ

book

книга

bed

кровать

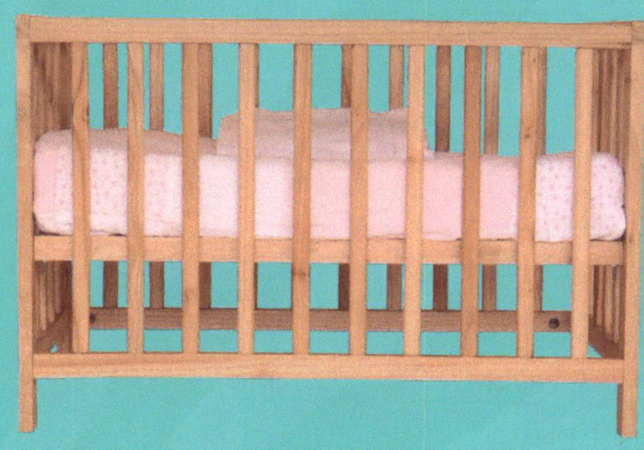

crib

детская кроватка

table

стол

chair

стул

car

автомобиль

bike

велосипед

plane

самолёт

boat

лодка

train

поезд

helicopter

вертолёт

firetruck

пожарная машина

firefighter

пожарный

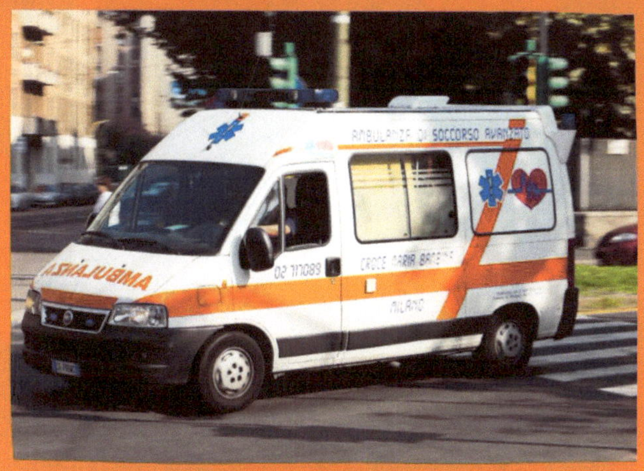

ambulance

скорая помощь

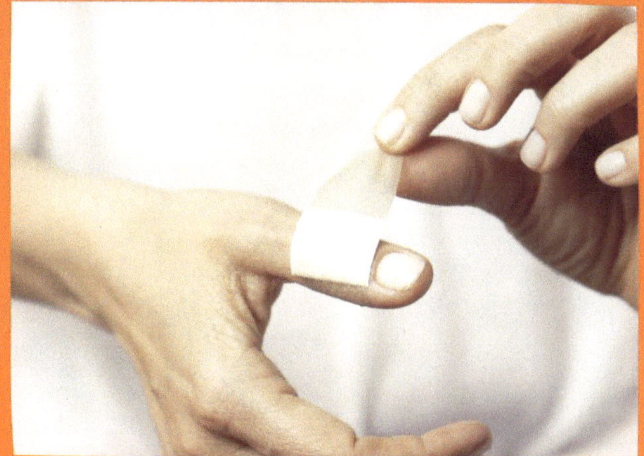

bandage

бинт

paramedic

фельдшер

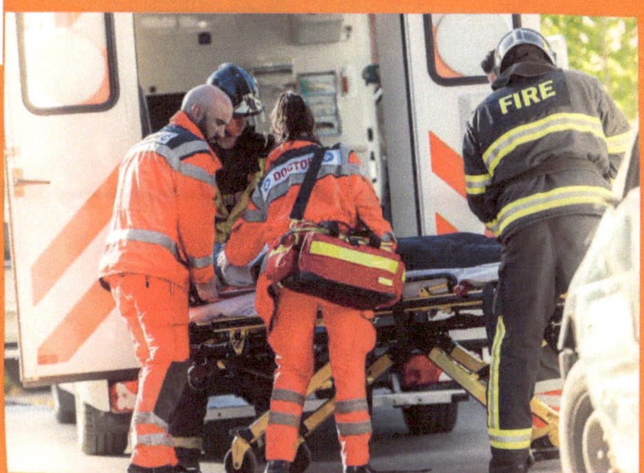

rescue team

спасательная команда

forest

лес

mountain

гора

grass

трава

sand

песок

tree

дерево

flower

цветок

butterfly

бабочка

ant

муравей

cat

кошка

dog

собака

horse

лошадь

mouse

мышь

cow

корова

pig

свинья

sheep

овца

duck

утка

goose

гусь

rabbit

кролик

fish

рыба

vet

ветеринар

doctor

врач

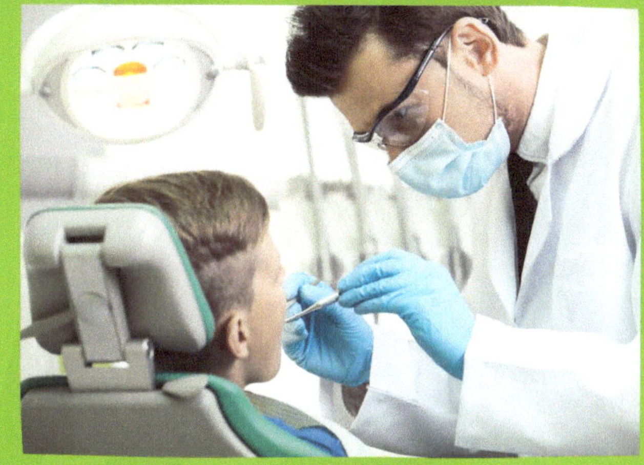

dentist

стоматолог

pharmacist

фармацевт

nurse

медсестра

head

голова

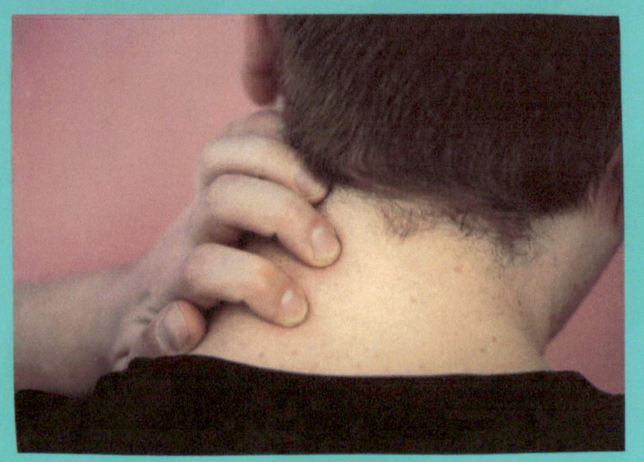

neck

шея

foot

ступня

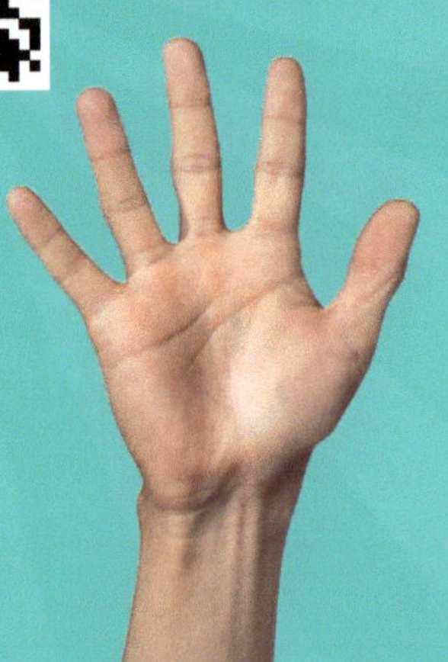

hand

рука

teeth

зубы

eye

глаз

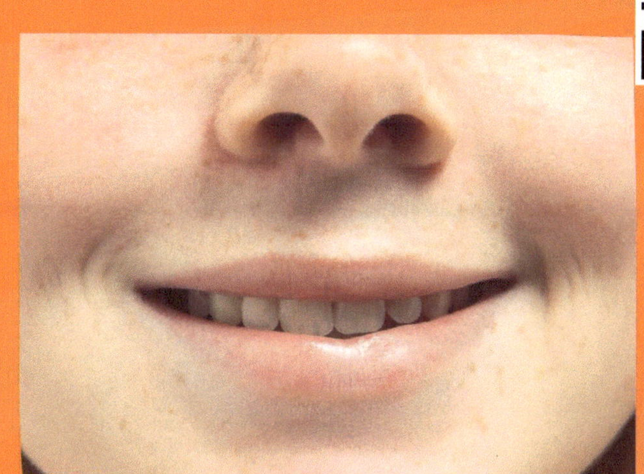

mouth

рот

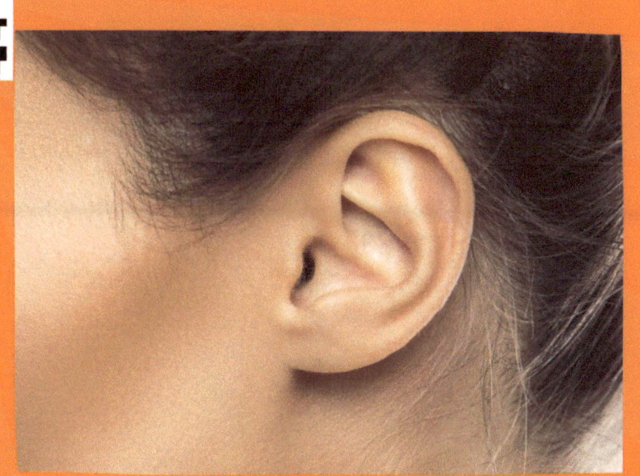

ear

ухо

hat

шляпа

dress

платье

pants

штаны

shoes

обувь

coat

пальто

scarf

шарф

umbrella

зонт

glasses

очки

sun

солнце

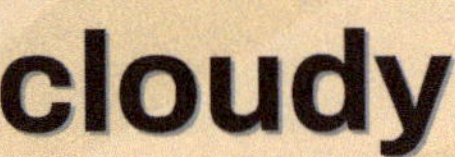

cloudy

облачный

rainy

дождливый

moon

луна